Founzongori SORO

Poésies mêlées

Founzongori SORO

Poésies mêlées

Éditions Muse

Imprint
Any brand names and product names mentioned in this book are subject to trademark, brand or patent protection and are trademarks or registered trademarks of their respective holders. The use of brand names, product names, common names, trade names, product descriptions etc. even without a particular marking in this work is in no way to be construed to mean that such names may be regarded as unrestricted in respect of trademark and brand protection legislation and could thus be used by anyone.

Cover image: www.ingimage.com

Publisher:
Éditions Muse
is a trademark of
Dodo Books Indian Ocean Ltd., member of the OmniScriptum S.R.L Publishing group
str. A.Russo 15, of. 61, Chisinau-2068, Republic of Moldova Europe
Printed at: see last page
ISBN: 978-620-2-29954-1

POÈMES :

Titre I: Avec toi mon père

Esprit de lumière,
Par ton Salut le jour se lève
À son abord, je m'y bois,moi ton élève
La clarté dans ta maison est sans lisière

Toi mon père,or termitière
Toi unique soleil de rêve
Stress, peste tous clouées à ta portière
Ces démons s'achèvent

Paix, gaieté à ma carrière
Scorpion, chenille brisés à ma tanière
Je suis inondé de ta glaive
Car ma force est princière

Ton trône est litière
Comblé de joie
Ton pouvoir est ma lève
La nuit ne contourne encore mon MOI.

Titre II : Pauvre richard

Mendiant en diamant
Prends ta pauvre malette
Toi et tes pieds d'amant
Marchez, courez,arrivez à l'aman

Là-bas gravitent
Les granites de pain orrifié
Autour des vagues d'eau de mer notifiée
Dans ce parvis tu seras glorifié

Ne sois pas triste Être malheureux
Tes plantations d'amour fruitent
Pendant la nuit où tu ronflais
Ta sagesse discrètement les arrosait

Chante! Danse!
Car ta misère s'est faite croquée
Par la reine des ténèbres
Dans la forêt noire, dense!

Titre III: Nos ailes

Ma porte porte la paix
Descente aux enfers de la bohème
Sur les ténèbres qui ricanaient
Ma vie écrit de nouveaux poèmes

Les étoiles dans la nuit luisent
L'esprit saint le balais en mains
Dévore les rues infectés du village
Les blouses de tristesse meurent d'excès de javel

Les jeux de rancune
Tombent dans les trous
Des vieux vicieux tombeaux
Les termites à lames y sont beaux

Je vois de près l'aube se rajeunir
La petite fumée noire qui me battait
S'étrangle dans la sueur de mon taie
Et la lueur blanche de Noël coule sur mon toît.

Titre IV: Maman

Chaque jour,
Lorsque le fin astre ouvre les yeux,
Dans un mahous bahut aux cieux,
Pour ta tour,

J'adresse une cantique à Dieu,
Une lettre priant l'éclosion
De ton jardin d'or sans tempête d'érosion.
Car je te dois la vie, la joie au mieux

Dans le ventre de la mort,
Ô enceinte que même le guerrier craint,
Tu as marché, rampé dans cet inconfort
Tu t'es battue pour mon confort

Maman, je te dois la lune
Et aussi les étoiles, ne serait-ce qu'une.
Mon devoir : guérir tes plaies à la Une
Ainsi,maman, j'aurai vécu.

Titre V: Ferré in

Long est mon trajet.
Unique et filant les sentiers,
Ouverts j'ai surpris les ors.
Conçu dans un bain de succès,
Sanctionné par l'horreur de gloire,
Inscrit et paralysé suis-je dans le paradis.

Titre VI: Sillage du soleil

Tel une pioche,
J'ai tant creusé.
Mais dans ton creuset,
Mes nerfs ont toujours chanté

J'ai des blasons en poche;
Ils sont si impropres et moches
J'ai maintes fois rampé aux maôches
Cependant,ma voie, le Divin l'a tracée.

Tout est prédéfini à son gré
J'y suis tel dans une piaule déjà ornée.
Réfléchir m'est gôche
Car mes vœux, le soleil les hoche.

Titre VII: Nature

Charme de chat!
Charme de rachat
Pointée sur le mât
Ta beauté est mat

Cependant, elle chable
Les divins corps célestes
Lorsque je te chabe
Tous les oracles sont ta châble

Boire sans arrêt
L'aube verni est ton décret
L'éléphant et son baret
Sont en dessous de ton crêt

L'oiseau-ange à mille
Disciples et formant le hile
Des meublés sages cils
À l'état d'âme pure est ta verdure

Titre VIII: Pot d'amour

Hanches hachant du souffle,
En toi est né le vent qui souffle.

… amour de fer

À l'hiver de mes pleines gifles,
À ta vue, je désarme les buffles.

… amour de fer

Tous les deux formons une cofle.
Et notre union chaque jour s'enfle.

… amour de fer

Sur les chemins en pantoufle,
D'amour nos mots nous biflent.

… amour de fer

Ensemble notre force est moufle.
Car, même les montagnes, on les moufle.

… amour de fer

Titre IX : Désespoir désespéré

Dans les ruelles de mon lit
Dorment droguées sans soucis
Les fraîches blessures d'un temps
Comme l'immolé fruit du flanc
D'une vache sous ses inactives pattes

Dans la lumière noire de la forêt,
Murmure l'ombre de leur ombre
Contre mes espérances sans assesseurs
L'hiver emballe les rêves
Les forêts d'envies sèchent

Les sourires sans le savoir
Se réfugient dans des boîtes infectées
La flamme d'inquiétudes s'allume
Le coeur bat au rythme du tambour-griot

Les fleurs viennent s'interroger muettes
Les confusions fusionnent
Un grand froid germe sur le désert
Les ailes-bus chutent

Vraisemblablement à une belle déesse
À une brillante créature
Une mine sèche s'approche avec un baiser
On la repousse et l'automne nous embrasse.

Titre X : Clair mot

Ruisseau du duc
Recules-toi du viaire caduc
Zabre au petit crêt du viaduc
Pince la bandura du bonduc

Tu as des flèches en viager
Ce n'est pas une ombre imagée
À ta portée respire une épée
La volonté doit être concrétisée

Rends-toi le calvaire viable
Le monde vomit des voix non-fiables
L'être de soi a terni son symbole confiable
Tout est une métaphore de fossés insatiables.

Titre XI : Mère

Ange de vertus hors gabet,
Femme submergée de gafets,
Être qui près de moi est gâfe,
Jalet de ma petitesse à son ère,
Échec des démons contre moi avec leur gaffes.

Titre XII : Femme

Dans son cœur tout saigne
Ses nuits de miel,
Au lieu de miel
En nivaquine se sont elles transformées

Tout saigne
Près d'elle et ne daigne
Sécher ses larmes
Tout a contre elle des armes

Vive la défaite
Semblait-elle avoir chanté
La vie lui était noire
Elle n'avait plus d'armoires

C'était devenu sa nature
Elle se sentait immature
Le sens du futur
Avait pris congés de ses murs

Tout saignait
En elle. Elle n'éssayait
Plus rien. Les nuages ricanaient
Dans son désespoir, elle les guettaient

Elle put punir ses maux
Ils perdirent leurs mots

Ses forces se mirent en éveil
Et pour elle sonna le réveil

Titre XIII: Eagle

Aigle royal au feuillage doré,
Qu'en ton nom s'évapore le mal.

...sous ton règne

Prince héritier du ciel ciblé,
Donne nous une ère meublée.

...sous ton règne

Conduis-nous dans ce beau val
Où coulent les mers de miel et de cheval.

...sous ton règne

Belle clé de héro enlacé sur la chaussée,
Accorde ta gloire aux lions de Siné.

... sous ton règne

Que tes loupes assistent leurs céréales,
Loin des marécages, guide-les au pré ensoleillé.

... sous ton règne

Titre XIV: Nuit

Ombre qui élève le soleil,
En toi s'évanouit mon sommeil.
Reine sur cette planète, cette matière,
Bien que tu sois ma pierre,
Tu m'y ronges tel un écueil.

Titre XV: Cocasse

Sur une cisylle d'idylle,
J'écris notre vie embrassée d'odyssée.
Elle est absente où le crime cime
Au ciel, crée un seuil d'accueil.

Chacun de nos pas rassure l'usure
De l'amour qui en file d'île,
Se prélasse près de la mer mère.
En rage contre la plage d'âge,

La nature reverdit un inédit paradis.
Avec soin dans un coin lointain,
Là-bas, on grille à la poêle moelle
Sous un joyeux et doux arbre, sabre.

Titre XVI: À toi mon amour

Je t'envoie par le vent,
L'immortelle flèche de Cupidon
Qui jamais ne se fend
Par ces vers, mon cœur
T'ouvre tous ses prés verts
Ce sont les clés de leur univers

Par ces vers, je t'offre
Les fleurs de ma vie
Arrosées d'une pluie d'envie
Dans mon jardin, un coffre
D'amour neige sans haine
Sans toi, je ne suis moi ma reine

À l'aurore où toutes les silhouettes passent,
Toi seule sans te voir ma déesse,
Je suis dans un monde de paresse
À mes yeux, rien ne te dépasse
Tu es l'unique qui me fait une bonne passe

Je t'aime à vie ma rose
Et cela, loin d'une pause,
C'est un serment de grâce
Car, mon amour, tu me vêtis de grâce.

Titre XVII: Dégoût

Le vent, la poussière sont tous amers
Je suis dans cette mer
Les plaies ne se cicatrisent
Sur les mets, elles sont mes cerises
Et la haine y est maire

Titre XIIX Circuit poétique

Dès plumes imbibées d'encre,
Dès poètes qui connurent
En poésie : le beau toît,
Blouse d'encre sans cancres

Charpente métallisé
Des vers aisés
Céleste braise des foyers
Éteints sous rancune des loups

Feu ardent qui enrage les bois
Feu mort, sa posture intacte

Ô poésie, arme des anges
À la poursuite des diables qui changent
Les âmes pures
Tu nous chasses l'impure

Poésie, ciel qui libère les âmes,
Âmes en lesquelles vrombit la vraie sagesse,
Sagesse d'une constance de nature,
Nature distributrice de l'espoir en largesse,
Largesse qui redonne la vie : ô poésie notre tigresse.

Titre XIX: Sinématiali

Dans la nuit aboyant
À l'heure où le soleil trébuche
Contre la cheville des ténèbres se levant
À leur tour pour la garde de la biche

Tes étincelles intronisent
Les étoiles au chevet du soir.
Où vivre sans penser à toi?
Tu es cette belle verdure
Qui me chantonne une belle reverdie

Étalé dans la chaleur de ton corps,
Mon inquiétude exposé au lion dort
Tes petits murmures à mes oreilles
Sonnent et m'ouvrent le ciel.

Titre XX: Voyage

Ma plume est en congé
Son encre a été ravagé
Ses désirs brutals boivent du sec
Les hiboux les ont au bec
Épargné, mon corps astral veut se reposer

Titre XXI: Pierre

Forage de dégoût
Antre d'où sort égout
Forge des beaux ragoûts
Entre! Part sale goût!

Forte est notre vie
Forage de dégoût

Forum de vie ternie
Emporte ton ernie
Forant notre finie,
Empochée vie qu'il nie
Forte est notre vie

Titre XXII: Beauté

Que m'apporte ta joie?
Sois belle, simple!
Sois cette sirène du temple.
Que tes larmes prématurées

Lavent ton corps de bonté.
Tes cris de peur multiplient
En toi la semence de la force.
Que m'importe ta sagesse?

Sois attirante, charmante!
Cette vertu te converge en mon cœur.
Sois incarcérée dans la peur
C'est de là que sort ta lueur

Ange éternel, éclat sempiternel.

Titre XXIII: Demeure

Elle porte sur elle une belle perle
Suivant Luise et ses oreilles à perles
Ma sagesse fondu tel du sel
Sa splendeur captait ma selle
Mon Être perdu à ses trousses sa gerle

Titre XXIV: À l'amant

Quelle églogue
Tirant par-dessus les synagogues
Les fissures d'un madrigal
Sous les pas hâtés de la gale

Anges des amours
Aplanissez toutes ces plaines
Semées aux ongles des cheveux de l'amour

Emportez tous ces verts de terre
Bouffeurs du suc du sens de la tendresse,
Ces verts de terre qui grillent notre choix à la mour.

Que la rose rosée au soir
Se réchauffe dans un lit d'affection
Que les paroles caressantes, d'émotions
Germent sur les rives
Des pensées de l'amant
Que ses nuits s'illuminent d'aman
D'envies vives.

Titre XXV: Invisible

Je pars
Tel un avard
Dans mon égoïsme
Là-bas, je sème séisme

J'ignore pourquoi...,

Je ne puis
Vivre près de toi sans appui
Ce serait vivre sans vivres
Car tu m'as sevré de ta pluie

J'ignore pourquoi...,

J'ignore pourquoi
Mais je te dis bon vent
Tu m'avais bien pris comme ton enfant
J'ignorais pourquoi

J'ignore pourquoi...,

Titre XXVI: Savoir

Le savoir en poche
Je marche en sûr mioche
Il me sert d'arme nucléaire
Avec lui, mes succès sont linéaires
Même si mes barrières sont moches

Titre XXVII: Love vert

Des regards venimeux,
Mon amour grandit
Tel un citronnier ravi
Sur les genoux du sol caillouteux

C'est prédit…

Je m'affaiblis, je louche, je suis aveugle
Ta voix déracine mon âme
Le monde en ton absence perd son PAM
En toi, ton cœur, mon souffle beugle

C'est prédit…

Tu es ma vie
Ma vie ne se mire qu'en toi
Ton regard pointe ma voie
Je ne suis que pour t'aimer

C'est prédit…

Titre XIIX Installation

Pays où coulent les vers
Pays où coulent les yeux
Pays où coulent les pervers
Pays où coulent les morveux

Vers les oiseaux épris
Yeux,cils tombent de pauvreté
Pervers enchantant les mépris
Morveux, qui vivent dans l'infertilité

Épris, prit,prie,crie tes écrits
Pauvreté ton thé comme le T
Mépris, que fais-tu à ses extrémités?
Infertilité, stérilité sur des incompris!

Titre XIX : Solidifié

Née dans la nuit,
Ton teint est tel le papaye.
Éternelle, tu luis.

Ton charme guérit les fous.
À vie mon amour pour toi.

Titre XXX: Indemnité

Dans ma mélancolie, je m'interroge
Mon esprit se deroge
De la poésie que je m'ordonne
De vivre dans cet univers qui ne donne

Dans ma mélancolie rien ne me plaît
Le lait coule même de mes plaies
J'ai l'impression d'être fondu
Bonheur, misère tous me sont confondus

Dans ces maux
Je perçois la main de Léo
Elle essuie mes craintes avec des mots
Puis devint mon chameau

De là, je saisis le sens de l'amitié
Tout échappait à mes comptages
Grâce à Dieu, j'ai fui ce fardeau
Qui rongeait mon rideau.

XXXI: Baiser mortel

Des lèvres m'ont baisé,
Des pieds m'ont touché,
Des doigts m'ont enivré,
Un corps m'a renversé.

Dans mes tentatives de résistance,
J'ai réveillé mes sens,
Et voilà, j'allaite mon arbre
Sans regarder son sabre.

Oui, sur terre tout a un coût,
On en fait fi, y tombe à tous coups,
Sort déçus tel un faux reçu,
À la quête d'un insensé plaisir inconçu.

L'amour construit quand il peut,
Et ravage quand il le veut.
L'amoureux y sort victime, indicible.
L'amour indemne, vise une nouvelle cible.

Titre XXXII: Chemin glissant

Sur les routes enfuites
Dans la petite boîte,
Mon soleil en carême emboîte
Ses pas ailés dans cette fuite.

Dieu le tout Haut,
La sainte et belle pierre m'apprit
Un sursaut qui me purifie
L'âme en pleur chantant haut

Doucement je contrôle
L'or de misère accrochée au drôle
Ciel, les yeux dans les nerfs en érection.

Je brise les épaules malsains
De ces démons au sol.
Et ma fine foi me caresse d'un doigt sain.

Titre XXXIII: Souffrance

La souffrance est une utopie;
Homme de MOI forge tes os;
Nourris au chevet des cailcedrat tes oiseaux;
La souffrance est une création de l'impie.

Détourne près de la petite forêt
Les regards croisés froissés;
Entre les fissures de l'arbre foudroyé
Par l'enragé tonnerre, met ce mot de désintérêt!

Homme au sourire ridiculisant le pire,
Arrose des idées qui contre la nuit conspirent
Pour faner l'odeur nauséabonde du sale.

Ramasse ton manteau de gloire, victoire!
Mets-le au cou de la biche-vampir
Quelle dévore le feu et quitte ce trône notoire.

Titre XXXIV : Demain effrayé

La peur m'envahit
Au tronc de mes pensées en fleurs.
Dans les pétales éclairées de douleurs,
Mes espoirs m'ont trahi

Ainsi, le "demain" m'effraie
Car mon arme fichue
Inaugure les thèmes déchus
Des voies,mon armée ne m'en fraie

Mon engin le faucon, lui, à freiné
Face au temps impur, malmené
Moi, je quiers vainement refuge

Le futur m'est mystère
Mon combat est mal mené
Demain est un sujet austère.

Titre XXXV: Jeûn

Sur les lèvres de la rivière,
J'ai puisé mon eau.
Dans le cuir de l'agneau,
J'ai cousu ma prière.

L'Église germée sur l'ange à jeûn
A enterré ses Sœurs
Hélas, la soirée injurie sa sœur
Les nuages en Avril jeûnent

La terre, elle, a dîné son orpaille
Au dessus des nids, plus de paille
Les serpents, les lions, tous se planquent

La mer et ses vagues n'ont encore pieds
De soif, les méduses baillent
L'éléphant fusillé marche trépied

Titre XXXVI: Ma NA…

Créature aux mots dorés
Nantie de beauté, plus aimé
Ange rempli de perles de diamant
Réincarnée poétesse des dieux
Tu évacues les douloureux
Amours et s'implante santé

Titre XXXVII : Albatros

Dans cet immonde monde,
Comme une lourde gourde,
Je porte une sourde tourde.
En elle vit une onde profonde.

Les bêtes en jungle jonglent
L'obscurité. La nuit noire invite, évite
L'ignorance qui telle une élite, gravite
Autour du paysage qui sans ongles pingle.

Les fossés du corps mort!
Mes fines côtes ignorent pandore.
Difficilement Dieu adjure

Sur mon front, des cors, Pandore
À la bataille, mon armure perdure
Dans l'or incolore.

Titre XXXIIX: Bel monument

À ma sœur,
Soro
Sigata

Ô Négresse aux yeux d'argent,
Ô flamme naissant le soleil ardent,
Ton cœur est la péricarde de bonté.
Femme à la main lisse bien pontée,
Ange-gardien aux pieds d'éclair de foudre,
Tes idées roses réduisent les fossés en poudre.
Étoile filante dans la nuit bleue,
Ton parfum évanouit les pare-bleus.
Femme aux ongles blancs portant l'amour,
Ton étincelant pagne épaule mon humour.
Femme aux douces pensées de cerises,
Négresse conseillière de ma folie indécise,
Femme qui essuie et embellit la vie,
Surnaturelle déesse façonnant mes avis,
Sur les estrades, tes dents blanches rasent la boue.
Soeur d'or, Négresse d'Afrique, ta joie est mon bout.

Titre XXXIX: Contrainte

De la maison qui me fixait
Je vis sortir une belle robe gaie
Sa finesse réfléchissait mon âme
Je la suivis en cachette sans le savoir
Insensible au vent, ses pas, comptais contre le vouloir
Cependant, mes pensées souriaient derrière cette palme.

Titre XXXX: Conquête

Ô baiser sur la planche suspendue
Au-dessus de la mer amère,
Va! Couches-toi aux côtés de cette mère,
De ta tombe, cet immeuble
De tes roses en sang qui te meublent

Pars, ô lumineux baiser
Je t'aimerai toujours de mon cœur dur
Tu as été l'île qui m'a offert
Tous les bonheurs de l'enfer
Ô délicieux fruit de mes honneurs illimités
Que de tes pas reviennent à coup sûr
Mes pleurs en larmes immaculées

Ô monde invisible à Dieu,
Par le trou de mes doigts,
Les aurores délicatement à l'orée
Se dessinent sur le ciel blafard pointé
Que l'aigle en escale dans le royaume
Des divinités réclame mes "voulus".
Qu'il me les chante comme des psaumes
Qu'il me ramène les mille sourires volés
À travers son bec qui jamais n'a rit

Du haut de l'Été dans les bois,
Doucement sous les violents coups
Des solides mains de la forêt
Qui ,avertit, fume cigare
Dans le lit de mes plaintes en prière
Devant leur Vierge
Ô dieu des amours
Puis-je tapoter mes ailes!

Titre XXXXI : Père-couvercle

Mon Dieu-manteau
Dans mes temps de délire
Tu me donnes ta lyre, ton calepin d'espoir
Et cela, en échange du désespoir

Sous le chaud soleil
Mon Dieu, tu es mon abri
Tu es ces écrase-merdes
Qui me délivrent des merdes

Dans la vallée de la boue
Ton nom me lance du gravier
Dans la brousse qui effraie
Tu m'engresses de sérénité

Père Éternel des armées
Sur le pont construit sans fer
Tu me jette ton bâton
Sur les chemins rocheux
Devant, tes tracteurs me guident

Père sauveur des opprimés
Père consolateur des victimes
Père-couvercle des marmites nues
Tu es mon cheval de batailles

Maître, guide de tout
L'omniprésent en tout
Comme atout, tu as tout
Père, sauveur de tout.

Titre XXXXII: Arrogance

Ô vague! Ô mère de fraîcheur!
Porte sur d'autres mondes
Emporte dans d'autres brousses
Cet esprit d'arrogance,
Ce vent sec qui souffle les baleines et valeurs.

Ô vague! Ô mère de faiblesse
Emporte sur d'autres terres
Porte sur d'autres mers
Les sirènes qui salissent la mer

Expédie sur d'autres eaux
Les requins aux ailes écartés
Par la brûlante envie de paraître
Envie qui les loge dans les filets de petits pêcheurs.

Printed by Books on Demand GmbH, Norderstedt / Germany